ANATOMIE
D'UN COMMISSARIAT

Je tiens ici à remercier tous ceux qui ont rendu cette immersion possible, en particulier Hélène Defer et Quentin Bachelet.

Merci aussi à la rédaction de *La Croix* et aux policiers de Roubaix, pour leur confiance.

Un dernier merci à ma femme, Maëlle, pour m'avoir soutenu et accompagné à plusieurs reprises dans le Nord.

Mikael Corre

Merci à Mikael de m'avoir confié son récit.

Merci à toute l'équipe Bayard Graphic' (David, Aline, Julia et Florence) pour la confiance qu'elle m'a accordée et à Christine Cam.

Merci à Stéphane Oiry pour les photos prises lors de son reportage à Roubaix, qui m'ont été précieuses. Merci à Robin, qui a dessiné la typographie utilisée dans cet album.

Et bien sûr, un immense merci à Victoire, Liouba et Youri, pour leur soutien et leur patience lors des week-ends que j'ai passés à mon bureau à dessin !

Bouqé

MIXTE
Papier | Pour une gestion forestière responsable
FSC® C106600
FSC www.fsc.org

18 rue Barbès, 92120 Montrouge

Dépôt légal : janvier 2025.
ISBN : 978-2-227-50079-2

Achevé d'imprimer en octobre 2024 en Slovénie par DZS.

ANATOMIE D'UN COMMISSARIAT

Scénario : Mikael Corre
Dessins : Bouqé

bayard graphic'

* Daniel Arasse, *On n'y voit rien* : Descriptions, Folio essais, 2003.

C'est normal de s'engueuler au sujet de la police.
Pif

En démocratie, il est sain de se demander : quelle police voulons-nous ?
NON AU LBD
NON AU LBD !
STOP LBD
VIVE LA POLICE
VIVE LA POLICE
VIVE LES POLICIERS

Encore faut-il savoir de quoi on parle...
Vous couvrez les violences policières !
Nous ne sommes pas responsables de l'ensauvagement de la société.
zzz
L'1FO
DIRECT

Comme je suis journaliste, j'ai demandé au service d'information et de communication de la police nationale d'avoir accès à un commissariat pendant un an.
RE DE ROUBAIX
Fatigué des discours sur la police qu'on devrait avoir, je voulais raconter la police que l'on a.
OBSERVATEUR
POLICE
Je voulais comprendre ce que c'est qu'être flic. Entrer dans leur tête.

VIOLENCES CONJUGALES

Mon enquête démarre dans un bureau exigu.
Une simple prise de déposition.
Alors, dites-moi madame Laroussi...
Cela fait dix ans que je vis avec Saïd.
Une fois, il m'a tapée tellement fort que ça a percé le tympan.
Vous n'êtes pas partie ?
Si, mais il a menacé de s'en prendre à ma famille.
Vite ! vite !
Alors je suis revenue.

Les menaces visaient votre fille Victoire ?
Oui. Quand je suis partie, il l'a emmenée au parc. Et n'a plus répondu au téléphone. Pendant plusieurs jours !
Il l'a séquestrée.
Il lui a dit : je vais violer ta grand-mère !
Jusqu'à la semaine dernière, ma fille ne pouvait pas s'endormir sans le chien de sa tante.

Ce serait bien de revenir avec votre fille.
On va l'entendre aussi.
Et lui faire voir un expert.
J'espère qu'on va pouvoir revivre.
TRAL DE POLICE

Quelques jours plus tard, dans le même bureau.
Alors dites-moi monsieur Charfi…
Comme je le disais, c'est un malentendu.
Quel est votre lien avec Mme Laroussi ?
Celle-là ? Elle m'a écœuré…
On s'est séparé en avril de l'année dernière.
Vous n'êtes plus en contact depuis ?
Non, j'ai juste demandé à un voisin de me dire qui venait chez elle.
C'est tout.

Quand je l'ai connue, elle travaillait pas.
Je l'ai toujours encouragée.
Ah, c'est bien ça...
C'est moi qui l'ai rendue comme elle est aujourd'hui.
Et elle est partie.
Le couple c'est pas toujours facile...
Voilà. Au moins j'arrive à parler avec vous.
Je me demande ce que je fais ici.
Quand même cette pute. Ah, elle pense qu'elle va bien dormir, mais moi...
On m'a dit qu'il y a quelques années vous avez essayé d'enlever Victoire.
Quoi ? Je suis pas un kidnappeur ! La vie de ma mère, je sors, je la saute en l'air !
Où étiez-vous les 10 et 11 mars ?

Allez, retour en geôle.
Vous ne l'avez pas beaucoup secoué au début ?
C'est ce qu'on appelle une audition de chique.
La technique est simple : tu souris, tu laisses le gardé à vue parler. Il se dit que finalement ça ne se passe pas si mal.
Tu retranscris tous ses mensonges sans le contredire dans le procès-verbal.
Progressivement, il se détend. Et c'est là que tu le brusques.

Je peux voir le dossier ?
Ah, voilà !
Je suis dessus depuis 4 mois.
Cette affaire, je la vis autant que la victime.
Autant ?
Ça peut paraître exagéré, mais les récits de traumatisme peuvent aussi traumatiser.

Tu as rejoint la brigade des violences conjugales quand ?
À sa création début 2020, au moment du premier confinement.
Les violences avaient beaucoup augmenté.
De combien ?
C'était pas en nombre, mais en intensité.
On n'avait jamais vu autant d'armes par destination. Tout l'électroménager y est passé.

* En 2023, 94 femmes ont été tuées par leur conjoint ou ex-conjoint, selon le ministère de la Justice. Le tiers d'entre eux était déjà connu des services de police ou de justice.

Quelques semaines plus tard.
Appel de Mme Garcia, dossier n°673.
Non, madame, vous ne la retirez pas votre plainte !
Non, il y a trop de boulot dessus ! Ça fait des mois ! Non… madame ?
Madame ? Allô ?
ALLÔ ?
Putain, mais merde, merde, merde !

LE COUP EST PARTI

SAUF POLICE
Pourquoi t'as été coffré ?
Rhooo, une histoire de nana.

POLIC
POLICE
LY 1922

Oh, putain !
Charfi, arrête-toi !!!
PAN
WAAAA
C'est bon, personne n'est blessé...

DRING
DRING
Bonsoir, monsieur Corre.
Bonsoir chef.
Vous êtes au courant pour Saïd Charfi ?
Euh non.
Il a tenté de s'évader...
Mais il était où ?
...C'était il y a une heure. Pendant un transfert à l'hôpital...
CROIX
Attendez, j'arrive...
HOTEL

Que s'est-il passé ?
Il saignait de la bouche en cellule.
POLICE
POLICE
Je ne sais pas s'il s'est mordu exprès ou quoi.
On l'a envoyé à l'hôpital.
C'est à l'aller qu'il s'est échappé ?
Non, non il a vu un médecin. Après, on est restés fumer une clope avec lui avant de repartir.
POLICE
On lui a demandé ce qu'il faisait là...
Pourquoi ? On ne vous briefe pas sur les détenus que vous escortez ?
Non, jamais.

Il nous a dit qu'il s'était embrouillé avec son ex.
Et sur le chemin du retour, à dix mètres du Central...
POLICE
Il a ouvert la portière et a pris la fuite dans la venelle derrière, rue Leverrier.
On lui a couru après.
POLICE
POLICE
Le collègue l'a rattrapé mais Charfi a réussi à saisir son arme.
Le coup est parti.

Quelques heures plus tard, au commissariat.
Va falloir comprendre, hein.
haut gradé
Le policier qui a rattrapé Charfi, il a eu la jambe légèrement brulée. Et beaucoup de chance pour ses pieds.
POLICE
police scientifique
enquêteur
Le coup serait parti alors que l'arme était encore dans son étui.
Je croyais que la sécurité marchait...
POL
brigadier
POLICE
Normalement, quand l'arme est dans l'étui, ça peut pas partir.

* Holster : étui du pistolet. ** Serflex : collier de serrage en plastique.

J'espère qu'il va s'en remettre, le collègue.
Ce genre de trucs, psychologiquement, ça te marque. Tu te dis que, même sur une mission pourrie comme ça, tu peux...
Tu vois...
... Tu peux y passer.
LICE
Ça me rappelle ce 21 février à Villetaneuse, on était sur un conflit de voisinage...
Mon collègue, un jeune de 25 ans, a reçu un tir de fusil de chasse en plein visage, devant mes yeux.
Un truc comme ça, c'est pas tellement le corps et le sang qui te restent après des années...
c'est plutôt de voir les collègues qui craquent.
POLICE

POLICE
15
SAMU
SAMU
Les anciens, surtout. Que l'on croyait invincibles et qui ne le sont pas.

En fait vous êtes tous des polytraumatisés...
Ouais... Vous êtes avec nous depuis un mois et vous avez déjà tout compris...
le chef
Grand Café
Être régulièrement confronté à la mort, ça peut pas être anodin.
C'est vrai.
Je me souviens qu'en 1996 il y avait eu une vague de suicides dans la police...
1996 : 71 suicides
STATISTIQUES
L'administration avait réagi ?
Elle avait recruté des psys. Je me souviens de celle qui avait coordonné tout ça.

Eliane Theillaumas, psychologue clinicienne, créatrice en 1996 du service de soutien psychologique opérationnel de la police nationale.
Elle parlait beaucoup de la confrontation avec la mort.
Elle disait : ça a toujours quelque chose d'effractant pour le psychisme.
Effractant ?
Comme si la mort venait nous cambrioler la tête.
Grand Café

J'aurai l'occasion de discuter avec plusieurs policiers de Roubaix du moment où, psychologiquement, ça craque.
Lorsqu'ils doivent annoncer à une mère que son fils vient de se tuer en scooter.
Madame, il n'y a pas de bonne manière de vous dire ça...
POLICE
Lorsque le suicidé a 17 ans.
NA RU TO
Lorsqu'ils assistent à l'autopsie d'un enfant.
PJ
POLIC
Il portait le même pyjama que mon fils de 5 ans.
Lorsqu'on voit tout simplement le mort de trop.
POLICE

* Quart : service d'un commissariat chargé de réaliser des actes judiciaires comme le placement en garde à vue ou les perquisitions.

L'AUTOPSIE

Roubaix, février 2021, Institut médico-légal.
C'est ta première autopsie ?
I.M.L.
Moi aussi.
BRRR
ZiiiP

Pour une fois que vous m'en amenez un sur lequel vous n'avez pas trop tapé !
Il est mort quand, ce monsieur ?
Le 30 à 15 heures. Ça fait moins de quarante-huit heures.
Je peux prendre les empreintes ?
Sur la table en Inox : Mokrane Abdel, 1,79 m, 73 kg. À mes côtés, Éric, il a 20 ans.
Sa main se referme, c'est super dur.
Les incisions commencent.
C'est à ça qu'on ressemble...
Zziiiiiiiiiiiiii
PUTAIN, PAS LA SCIE...

Le légiste inspecte le corps au niveau du cœur. Il a trouvé quelque chose.
Vous voyez cette plaie, là, au niveau de l'artère gauche ?
Oui
C'est la cause de la mort.
L'hémorragie est partie de là ?
Attendez, j'enregistre...
Décès consécutif à un traumatisme de haute envergure...
Ça veut dire que M. Mokrane est bien tombé de la fenêtre ?
REC
C'est cohérent avec une chute de plusieurs étages, oui...
Après, dire avec certitude qu'on ne l'a pas poussé...

C'était glauque, hein ?
Oui, mais j'ai quand même trouvé ça intéressant.
I.M.L.
POLICE
En quoi ?
Eh bien, on se rend pas compte en fait, de ce travail.
On pense tout de suite aux grands crimes…
… Aux tueurs en série.

Et pas aux suicides, c'est vrai...
Oui mais c'est aussi important de vérifier que personne n'a poussé le monsieur.
Oui.
Ce serait pas normal qu'il parte sans qu'on sache.
La fin du trajet a été bien silencieuse...

Le lendemain, le beau-frère est au commissariat.
Une audition pour comprendre ce qu'il a vu et entendu.
Vraiment, je comprends pas...
Il allait être si bien dans le nouvel appart.
C'est un bon quartier en plus.
On était juste passés récupérer les cages des oiseaux.
Il ne restait plus que ça.
Pouvez-vous me dire où étaient ses mains avant qu'il saute ?
Sur le balcon ?
De quel côté ?

BABA
DROP TWO
Juste avant, les deux hommes étaient en train de porter des cartons.

POLICE
TECHNIQUE ET SCIENTIFIQUE
Le beau-frère dit la vérité.
Il a sauté sans rien dire…

J'ai toujours détesté les nuits à l'hôtel.
ibis
Mais au moins, je retrouve la vie « normale ».
9
Loin des cadavres et de la violence...

Allô ma chérie !
Ma journée ? Écoute, comment dire...
Bah, alors, il est sensible le journaliste !
Rien de particulier quoi, un peu fatigué mais tout roule... et toi ?
Je suis pas persuadé que j'aurais pu être flic...
ZZZZzzzz

LE POINT DE DEAL

*Groupe local de traitement de la délinquance.

Le « stock », c'est le nombre d'interpellations que le commissaire pourra compiler avant la prochaine réunion avec le parquet.
ALLEZ ALLEZ LES GARS !
POLICE
Ça permet de prouver que la police travaille. Pour ça, ils envoient plusieurs véhicules sur un point de deal.
Un chien des Stups est généralement présent.
ALLEZ REX, CHERCHE !
POLICE
Cela permet d'ouvrir des coffres et des portes.
Vas-y mon chien.
POLICE
POLICE
LICE
Le fait que le chien marque avec son museau est juridiquement considéré comme un motif légitime de perquisition.

Mais les guetteurs voient venir les forces de l'ordre de loin.
iiiouuuuiiiouuuu
ARAH
ARAH
ARAH
Bonjour messieurs.
POLICE
Bon, on va pas se fatiguer, je les attraperai demain.
ARAH
ARAH

Tiens, regarde sur leurs pochons de beuh.
Dupond-Moretti ?
POLICE
Ils ne l'ont pas oublié, ici ! Faut dire qu'il a bien défendu les voyous.
Tu vois le mec près de la Clio ?
Oui.
La drogue, c'est à lui, mais on ne peut pas le prouver.
Tout ce qu'on trouve aujourd'hui c'est de la merde.
On ne pourra jamais relier la drogue à une personne ou un réseau.
Pourquoi vous venez alors ?
POLICE
Parce que c'est ce que nous demande le ministre.
POL

Lors de mon premier jour à Roubaix, le chef m'avait proposé un tour à la découverte de la « physionomie de la ville ».
Là, c'est un immeuble social, avec que des personnes âgées. Le trafic est dans le hall. Il y a même un vieux qui guette.
Et là on entre dans la Petite Italie.
Boucherie
On vient de fermer l'épicerie ici, une clandestine, elle servait à blanchir de l'argent.
BABA

Ça deale quoi à Roubaix ?
De la cocaïne et de l'héroïne venues des Pays-Bas.
Pas de cannabis ?
Si, aussi. Produit localement.
Ah bon, ça pousse dans le Nord ?
Imagine que dans cet entrepôt, il y a deux ans, on a saisi 8000 plants*.
Je ne me rends pas compte, c'est beaucoup ?
*EN 2019
RECORD NATIONAL.
Je découvrirai que chaque pied peut rapporter jusqu'à 1 000 euros par an.
Dans le Nord, on parle en tonnes. Les réseaux sont internationaux.

Un peu plus loin.
Vous voyez le groupe près du toboggan ?
Ils ressemblent pas vraiment à des parents d'élèves, si ?
Euh non.
C'est l'un des 75 points de deal de la ville et il est devant une école primaire.
Il y a quelques semaines les policiers ont essayé d'attraper l'un des dealers.
HÉÉÉÉ
POLICE
Arrête-toi !!!
Dans sa fuite, il est entré dans l'école et a déclenché l'alarme.
Les enfants ont eu peur. Les enseignants sont sortis des classes.

Ils étaient en colère. Pour eux, les agents n'avaient pas à poursuivre les dealers dans l'enceinte de l'établissement.
La directrice de l'école a fait remonter l'incident.
Le maire de quartier a contacté la mairie de Roubaix…
… qui a contacté le commissariat.
La préfecture du Nord, le parquet de Lille et la direction départementale de la police ont aussi été mis dans la boucle.
Ils nous ont remonté les bretelles. Mais si on n'avait rien fait, ils auraient dit : « Mais que fait la police ? »
En fait, c'est jamais bien ce qu'on fait.

*Sans plainte, le parquet ne permet pas aux policiers de contraindre à comparaitre ou de perquisitionner.

Ça a l'air compliqué votre métier quand même.
438 fonctionnaires travaillent au commissariat de Roubaix.
C'est vrai. Et en plus on manque d'effectifs.
Ils étaient environ 600 il y a vingt ans.
En France, le recrutement des forces de l'ordre est aujourd'hui en hausse, mais la police a perdu 7 000 postes entre 2007 et 2012*, quand la droite était au pouvoir.
POLICE NATIONALE
17LY1922
*Selon un rapport parlementaire de 2014.

LA GEÔLE

Une dizaine de cellules…
Une vingtaine de gardés à vue…
Étonnant qu'on appelle encore ça « la geôle »…
Ça fait vraiment Moyen Âge…
BAM
BAM
BAM
BAM
STAR WARS
BAM
POLICE
STAR WARS
BAM
MAV
STOP2
CLING
Je vais te mettre un casque si tu continues !

Hein ? Mais pourquoi ?
C'est ce qu'on fait quand ils sont trop agités, c'est pas légal, mais c'est efficace.
POLICE
11 12
1 2
14 15
4
18
6
20 21
STAR WARS
Vous êtes formés à gérer les cas psy ?
Bof. Enfin ça dépend ce que t'appelles gérer.
AAAARR
grulmff
On manque d'infos sur les différents troubles, les effets du manque.
POLICE
Du coup, ici, on les appelle « les fatigués ».

Les fatigués… J'entendrai souvent ce mot dans les couloirs du commissariat.
M. Louale, 41 ans, qui en est à son dixième départ de feu sur la commune d'Hem.
Tony Gomez, qui a agressé un homme avec une pelle dans le métro, quelques heures après sa sortie de prison.
POLICE
M. Grandu, un Roubaisien ivre qui s'attaquait à un Abribus avec sa tête.
NIKE LA BAC
ROUBAIX
PIG
Enzo Moreau, un adolescent à la rue qui a outragé des agents et inhale beaucoup trop de protoxyde d'azote.
Farid Dazi, 34 ans, qui vient de menacer sa petite voisine de 4 ans avec un 9 mm parce que ses pas font du bruit au plafond.

Ce jour-là, je rejoins les geôles un peu avant 5 heures.
C'est René le responsable, ce matin.
Salut Mikael, ça boume ?
Salut René.
Bien dormi ?
Oui, oui. Réveil 3 h 30.
Attends Mikael...
Florian, tu le fous pas à la 1 celui-là !
Y a déjà une femme mineure !
On va pas mettre un homme en cellule avec une femme mineure !
POLICE
Florian, c'est un bleu. Comme toi.

Le reste de la matinée, René nous enseigne le métier de geôlier.
OK.
Compris.
11
12
13
1
15
16
18
Faut inscrire chaque gardé à vue sur le registre.
Faut être hyper-rigoureux sur le bouquin et sur le tableau. Si tu perds un détenu, t'es mort.
Ça veut dire quoi IPM ?
GEOLE 3
KATEB: exhibition sexuelle
NOWAK: IPM
GEOLE 4: mineur
EYRAUD
60 €
Ivresse publique manifeste. C'est un Polonais, un habitué.
Ça fait bizarre de le mettre avec l'exhib, mais bon... On n'a plus de cellule de dégrisement, alors c'est comme ça.
POLICE
Normalement, y a pas de repas prévus pour les IPM. Moi, j'en donne, ça me regarde.
RIZ M.
RIZ M.
PÂTES aux champignons
COUSCOUS
POULET
POULET

Alors, vachement important : le billet de garde à vue !
LICE
En théorie, le geôlier doit toujours demander le billet au quart avant d'enfermer quelqu'un.
GEOLE
GEOLE
Mais du coup les collègues attendent pendant des heures...
ZZZZZ
Parfois, on fait l'impasse.
Au commissariat, le travail est extrêmement divisé.
POLICE

* Brigade spécialisée de terrain (BST), Groupe de sécurité de proximité (GSP), Brigade anticriminalité (BAC).

4
Le geôlier est donc face à un dilemme. D'un côté, respecter la procédure. De l'autre, permettre aux collègues de retourner patrouiller.
5
Certains font alors pression sur le geôlier.
POLICE
Allez, tu me le prends, sois sympa ! Le billet va arriver.
Et dans tous les cas, on se fait mal voir.

René ! tu m'ouvres ?
À 7 heures
J'arrive, Mémène !
Une bise pour bien commencer la journée !
PO
Il y a 20 ans, je passais la serpillière dans une cellule sur deux chaque matin. Aujourd'hui, c'est une sur cinq.
Et puis, quand il y a la gale, la tuberculose, on n'est pas toujours au courant ! Des fois, ras-le-bol !
Aujourd'hui les cellules sont presque toutes pleines. Comme hier… On ne peut pas nettoyer, hein René ?
Tu sens l'odeur de merde ?
C'est parce qu'ils bouchent les toilettes avec les couvertures de survie.
Ah putain !
MAV

Une enquêtrice descend libérer la jeune fille de la cellule 5.
Bienvenue aux geôles, collègue !
La prochaine fois, tu éviteras de pisser par terre.
Vraiment aucune classe.
11
2
14
4
17
Comment tu veux être classe dans un endroit comme ça ?
Jamais vu quelqu'un d'aussi lent devant un ordinateur !
Faut se réveiller, le collègue !
5
6
10
3
4
7
8
11

Plus tard, avec le chef.
CONDITION PUBLIQUE DES MATIERES TEXTILES
LA CONDITION PUBLIQUE
Ça fait combien de temps que vous êtes pas entré dans les geôles ?
Vous croyez que j'ai que ça à faire ?
Les gars disent que vous ne réalisez pas la difficulté de leur métier.
C'est vrai que c'est dur, geôlier…
Hier, y'en a un qui m'a dit : « Au commissariat, c'est comme dans la rue, on est en bas de l'échelle du respect. »
L'échelle du respect
les magistrats
les officiers de police judiciaire
les unités offensives, comme la BST ou les BAC
1
2
3
4. les polices secours
5. la police municipale

*En 10 ans, le taux d'incarcération en France est passé de 103,5 personnes détenues pour 100 000 habitants en 2010 à 105,3 en 2020, alors qu'il a par exemple baissé en Allemagne et en Italie, selon un rapport du Conseil de l'Europe d'avril 2021.

LES PARENTS

Avec les policiers, certaines journées commencent plus difficilement que d'autres.
Moi c'est Mikael, enchanté.
TATATATA
Euh... je suis là pour découvrir votre quotidien en police secours...
TATATATATATA
POLICE
hmm
ICE
VALE
...
Allez hop, c'est parti !
CE
POLI
...EVERYBODY HURTS, SOOOOOMETIMES...
FRANCE BLEU NORD
CE
... SOMETIMES EVERYTHING IS WRONG...

LA REDOUTE
Je vais le surnommer « Mutique ».
On va à Wasquehal, c'est ça ?
Oui, au domicile d'une maman chez qui le fils a tout cassé.
9e étage, les gars.
POLI

C'est quel étage, déjà ?
9e on t'a dit...
S'il vous voit là, il va me tuer.
On va vous aider madame, dites-moi ce qui se passe.
C'est mon fils, il a fait une crise...
Ça lui arrive de temps en temps...
Comment s'appelle votre fils, madame ?
Éric.
Et quel âge a Éric ?
36 ans mais parfois il prend pas ses médicaments.

Madame ! Attendez...
Vous ne voulez pas qu'on vous envoie quelqu'un ? un proche ?
Non, je...
Ce serait bien que vous veniez porter plainte. C'est pour vous protéger.
Je sais pas. Ça va faire trop de misères.
Au commissariat, on a une assistante sociale et une psy. Elles peuvent vous aider.
Je ne me sens pas bien du tout.
Vous voulez que j'appelle les pompiers ?
Non, je... vous n'auriez pas une cigarette ?... Vous devez me prendre pour une folle.
Ce n'est pas ce qu'on pense de vous. On pense que vous avez besoin d'aide.
CLAC
Madame ? Madame...

Vraiment, on ne la juge pas, cette dame.
C'est surtout qu'on peut pas l'obliger…
Alors qu'il y a des solutions, des aides, des psys…
C'était la dernière intervention de la matinée.
30
Dans l'habitacle, on est tous un peu déprimés…
François, au fait.

*Brigade spécialisée de terrain.

*Selon les chiffres ministériels, 770 000, fin 2019.

Tu vois Mikael, j'ai grandi à Roubaix. Tout ce que dit la mère, eh bien c'est vrai.
POLICE
Les gamins sont tout le temps dans les voitures parce qu'ils sont pas bien chez eux.
POLICE
POLICE
Parce que c'est trop petit. Qu'ils n'ont pas de chambre à eux.
Qu'ils veulent passer un coup de fil à un copain, à une copine.
Être tranquilles, comme tous les ados.

Les gamins dont tu parles, ils conduisent tous ?
Pas forcément, je me souviens d'un jeune de 13 ans qui avait acheté une Peugeot 206 d'occasion.
POLICE
9
Elle roulait pas, c'était juste pour squatter.

Comme souvent quand je quitte le commissariat, j'ai besoin de marcher.
COMMISSARIAT CENTRAL DE POLI
Ce soir-là, je vais vers le canal.
... le cimetière de Roubaix...
... et cette maison aux volets clos.
J'y suis entré une fois avec la police. Je me souviens des chambres d'enfants sans lits. Les matelas sales à même le sol, sans draps. La misère.
déprime

Cette misère, on la retrouve souvent au commissariat.
J'ai vraiment besoin d'un café...
J'viens de finir l'audition d'une petite fille de 10 ans.
L'école avait alerté à cause de mots crus que la petite employait.
Sa mère, 47 ans, et son beau-père, 30 ans, avaient des relations sexuelles devant elle.
Ils ont dit qu'elle voulait tellement avoir une petite sœur.
AH PUTAIN !
OH NON !

Comment aborder le sujet ? J'en parle lors d'une pause avec celui que tout le monde surnomme Clope.
...
Putains de parents !
UMER T
Ouais putains de parents...
FUMER TUE
T'en verras plein ici, des enfants maltraités, abusés, violés.
Mais faut pas oublier les autres, ceux dont les parents...
... sont juste des gros cons.
POLICE
Des parents qui les protègent pas, voilà.

LA PERQUIS'

* Hors cas spécifiques, elles doivent avoir lieu entre 6 heures et 21 heures.
** RAID : unité d'intervention spécialisée de la police, en recherche, assistance, intervention, dissuasi

Tout dépend de la dangerosité présumée des futurs interpellés.
RAID
Quoi qu'il en soit, à la fin, il faut attendre le serrurier.
POLICE
Pfff, travail de cochon...

Me voilà à 5 h 55 devant chez un certain Julien, qui tient un service de livraison de drogue.
9
POLICE
Coke et héro, vendues en famille.
Le fils, la mère et le beau-père.
Petite PME quoi.
POLICE
6 heures. La porte vole en éclats.
POLICE !
POLICE !
POLI
MERDE !
L'interpellation s'est bien passée. Mais les enfants sont réveillés. Deux filles, de 6 et 14 ans, et un garçon, de 8 ans.
Bon, Julien elle est où la came ?
Quelle came ?
Joue pas au con.
Chuis pas réveillé.

C'est à toi la drogue ?
BEN NON
OK. Tu veux que je place ta mère en garde à vue ?
La police a trouvé 10 g de cocaïne, 7 g d'héroïne et 500 g d'herbe.
C'est peu.
Purée, j'ai mal au cou...
Francis, tu peux masser madame ?
On l'a échappé belle !

De retour au commissariat, en salle d'écoutes.
Allô, chéri, les flics sont venus.
Ils n'ont pas tout trouvé.
Linda a replanqué le plus gros.
Linda, c'est la gamine ? Elle sait où est l'héroïne ?
Bien sûr.
Quelle angoisse...
Durant leur procès, le père plaidera que sa femme et ses enfants n'avaient aucune connaissance du trafic.

Je rejoins Clope pour me changer les idées...
Ce qui tient un policier serein, c'est souvent sa famille.
Et quand ça le tient plus ?
Quand la famille s'écroule, tu veux dire ?
Oui...
Eh bien tout s'écroule.
Clope est entré dans la police à 24 ans.
C'est parce que j'aimais le sport.
C'est tout ?
Oui. C'est tout.
Et on t'a envoyé en région parisienne ?
Oui, comme tout le monde. Mais ma femme est restée dans le Nord.
POLICE
Je suis devenu invivable. Moins tolérant, moins joyeux, moins sociable.
épicerie fine
La police te change, c'est comme ça.

Tu connais Martin ?
Avant de rentrer chez lui, il fait des tours de sécurité sur les ronds-points.
Pour vérifier que personne ne le suit.
Une autre collègue, l'autre soir…
Son voisin s'est trompé d'étage.
Elle l'a gazé.
Je me suis séparé de ma femme en 2014.
Et depuis ?
Depuis je galère sentimentalement. Ça fait sept ans.
POLICE
T'as des enfants ?
Un fils. 10 ans.
Il vit avec toi ?

Garde alternée. Mais il s'entend très bien avec son beau-père.
Quand je le vois épanoui, je me dis que c'est un petit miracle. Je sais pas si t'es croyant ?
Si.
Moi aussi.
Aujourd'hui, je vis pour lui.
C'est pour ça... Derrière les gamins qui partent en sucette, il y a toujours des parents qui ont lâché.
POLICE
POLICE

Je ne fume jamais le matin, en tout cas pas aussi tôt.
HOTEL
Beurk
Mais je pense à Clope...
Est-ce que j'aurais réussi à ne pas divorcer à sa place ?
En même temps...
... je comprends sa femme.
Tu es jeune mariée, ton mec veut plus sortir, peureux de tout...
Comme enfermé dans sa tête.
En geôle.
Clope ?

Être policier confronte à des situations violentes.
Ce couloir rempli de sang dans lequel il faut entrer, sans savoir ce qu'on va y trouver. Ce métro dans lequel il faut s'engouffrer, avec comme seule information qu'un « homme avec une hache » a été localisé… Je crois cependant que ce qui crée le plus de malaise chez les policiers, c'est le contact quotidien avec la misère.
Comment aller bien quand on est chaque jour au contact d'une société qui va mal ? Quand on croise et recroise ce gamin abimé, ou ce vieil homme en errance, abandonné par sa fille après avoir été diagnostiqué malade d'Alzheimer. En France, le nombre de SDF a plus que doublé ces dix dernières années. Les associations estiment que 330 000 personnes étaient à la rue en 2023

LE CHOUF

À Roubaix, en 2020, un quart des gardés à vue avaient moins de 18 ans.
À la tombée de la nuit, les rues ressemblent parfois à un roman de Dickens.
POLICE
POLICE
Qu'est-ce que t'as encore foutu Rachid ?
J'me suis barré du foyer... J'ai arrêté la formation de carrossier.
À cause des bagarres...
D'accord, mais c'est de la drogue que tu viens de balancer dans le terrain derrière.
Tu sais quoi, bonhomme ? Carrossier, c'est bien. Le deal, ça va te mener à rien.
POLICE

D'après ce que m'ont dit des magistrats de Lille, un guetteur gagnerait entre 50 et 70 euros par jour.
OOUUiiiiiOOUUiii
Quartier du Pile, avec une équipe de la BAC.
Un point de vente moyen rapporterait entre 15 000 et 35 000 euros par semaine.
POLICE NATIONALE
Les mineurs, ils font choufs, guetteurs, c'est des petites mains.
POLICE
Tu vois le con, là-bas, sur sa trottinette ? C'est gros Adda.
Alimentation Générale
C'est lui qui tient le point de deal, mais comme il est majeur, il touche jamais au produit.
Il fait bosser les petits. Comme les jeunes risquent moins pénalement, c'est pas si grave s'ils se font attraper avec de la drogue.

*Des morceaux de sacs en plastique de supermarché thermosoudés.

Au parquet de Lille, on caresse l'idée de monter des dossiers pour « traite des êtres humains ».
Ce serait, en théorie, un angle d'attaque possible du trafic de drogue.
ARAH !
ARAH !
Mais cela reste complexe.
POLICE
Un peu comme dans les affaires de proxénétisme, la plupart du temps, les mineurs ne coopèrent pas. Certains sont accros aux stups.
POLICE
Et ce seraient des dossiers bien trop chronophages pour être menés à l'échelle d'un commissariat.
POLICE
Tu vois les deux mineurs qu'on vient de ramener ? Eh ben on doit les relâcher.
Un représentant de l'aide sociale à l'enfance aurait dû venir les chercher au commissariat.
Mais il n'y a jamais de place dans les foyers.

LE MICAS

*Chiffres de 2018, Direction générale de la Police nationale.

Chaque jour à heure fixe, Hector sort devant l'entrée du Central pour vérifier la carte d'identité d'un homme.
Ce dernier n'entre jamais dans le commissariat.
DEVIN
SAMY
04 12 1995
H
ROUBAIX
En fait, si. Au début, il entrait dans le hall. Mais le commissaire a demandé que le pointage se fasse désormais dehors. Question de sécurité.
POLICE
En 2015, Samy Devin a prêté allégeance à l'État islamique. Il a été condamné à six ans de prison pour plusieurs projets d'attentats.
Entre autres, il voulait faire sauter le commissariat de Roubaix.
Ironiquement, à sa sortie de détention, le ministère de l'Intérieur a jugé plus sûr de lui demander de pointer chaque jour à la porte de son ancienne cible.

*Mesure individuelle de contrôle administratif et de surveillance (MICAS). Chiffres du 4 juin 2021. Source : rapport du Sénat.

Au tout début de la mise en place du dispositif, un MICAS n'est pas venu pointer.
Moins d'une heure après, la BAC est venue l'attraper pour lui rappeler ses obligations.
Aujourd'hui, c'est le RAID qui serait déployé.

LE RODÉO

Un jour de printemps, en début d'après-midi.
Les policiers ont été appelés sur un rodéo.

La course-poursuite commence le long d'un boulevard.
CHICO TRUJILLO
POLICE
Elle continue entre les petites tours du quartier Trois-Ponts.
POLICE

Putain, le con !
IL A PILÉ !!!
ARRÊTE-TOI !
POLICE
Lâche ça, toi !
LICE
Et merde...
ICE

Les interventions sur les motos, quads ou scooters sont délicates.
TN 59 À PS 120 ALPHA. DES RIVERAINS NOUS SIGNALENT UN RODÉO AUX TROIS-PONTS. VOUS POUVEZ Y ALLER ?
PS 120 ALPHA À TN 59. UNE FOIS LÀ-BAS, VOUS ALLEZ NOUS DIRE DE NE PAS PRENDRE DE RISQUES ET PUIS DE CESSER LA CHASSE. ALORS, DU COUP, ON PRÉFÈRE NE PAS Y ALLER SI C'EST POUR FAIRE DE LA FIGURATION. À VOUS.
TI 120 À PS 120 ALPHA, CE N'EST PAS PARCE QU'ON VOUS DEMANDE DE NE PAS PRENDRE DE RISQUES QU'IL NE FAUT PAS ALLER EN INTERVENTION !

VOUS VOUS RENDEZ AUX TROIS-PONTS. CONFIRMEZ !
OK. SOMMES EN DIRECTION DES TROIS-PONTS.
Voilà...
On y va. Et quand on nous dit de cesser la chasse, on cesse la chasse. C'est comme ça.
On peut être condamnés, sinon...
En août 2020, la préfecture de police des Bouches-du-Rhône a été condamnée par le tribunal de Marseille pour « inaction » face aux rodéos urbains.

L'État a dû verser 10 000 euros de dommages et intérêts à un collectif d'habitants excédés.
À chaque fois que j'entends « refus d'obtempérer » à la radio, je me dis « oh merde ».
Ces interventions, c'est un pot de pus.
Pourquoi ?
Si on n'y va pas, le risque c'est qu'un riverain se fasse justice lui-même.

Mais on sait aussi que ça peut déclencher des émeutes s'il y a des blessés, ou pire...
Bref, c'est bavurogène.

Cela fait justement deux nuits que des violences urbaines ont éclaté autour de Roubaix.

CRS
CRS

Elles font suite à l'interpellation d'un jeune en motocross qui faisait du rodéo.

La nuit dernière, soixante-dix grenades lacrymogènes ont été tirées à Tourcoing et Lille.
CRS
CRS
BABARIRI

À Roubaix, la nuit a été calme ?
Étonnamment, oui.
C'est bizarre qu'ils soient si calmes...
Pourquoi c'est bizarre ?
D'habitude c'est pas les derniers pour tout casser.

Inquiets du calme des Roubaisiens, les gradés ont demandé à la brigade anticriminalité de se renseigner.
Qu'est-ce qu'ils vendent ?
Des pétards, je crois.
Alors comme ça on vend du mortier aux Lillois ?
Un peu.

* Depuis 2017, la vente de gros mortiers – au-delà de 30 mm de diamètre – est réservée aux professionnels. Les contrevenants risquent 1 500 euros d'amende.

En juillet 2023, le jeune Nahel, 17 ans, a été tué par un tir policier. Les jeunes des quartiers se sont révoltés. Quand j'en ai parlé avec une policière de Roubaix, elle semblait sincèrement touchée : « Ça pose des questions sur notre manière d'intervenir sur les refus d'obtempérer, on sort souvent notre arme, ne serait-ce que pour impressionner… Est-ce pertinent ? »
Mais quand je la rappelle trois jours plus tard, le ton a changé. « Hier on a été appelé, c'était un guet-apens. On nous a balancé de l'acide… Alors quand tu vois que le policier (auteur du tir) est placé en détention provisoire, qu'on l'empêche de voir sa famille… Je suis dégouté. »
Les violences éteignent toute forme d'autocritique.
Roubaix

LES CONTRÔLES AU FACIÈS

Salut !
Salut !
Ça va les gars ? La nuit dernière, c'était la guerre ?
POLICE
PIZZA
La guerre, la guerre…
Ça a quand même pété !
On était à l'angle avec la rue Mouvaux, et là, une explosion… Un arbre qui prend feu.
On a des collègues qui ont un rapport étrange à l'émeute.
C'est-à-dire ?
On a tous peur d'être blessés, mais paradoxalement, ça se mêle à une certaine excitation.
Tiens, regarde ça. J'y étais.
BFM
VIOLENCES URBAINES, SEINE-SAINT-DENIS.
T'as vu ? Oh là là, les collègues, ils en avaient envoyé du collectif !
PIZZA
PIZZA
PIZZ'RAMO
Du collectif ?
Des grenades lacrymogènes et de désencerclement.

* Violences urbaines.

Papiers s'il vous plait !
Oui oui
Monsieur, vos papiers, c'est pour un contrôle !
Encore...
Madame, attendez sur le côté.
Oui mais je suis pressée...
PO
Ça a l'air de te faire chier.
Oui... Là, tu vois, ce qu'on nous demande, c'est de faire du contrôle au faciès...
Du contrôle au faciès ?
Comme t'es là, je vais quand même contrôler quelques Blancs... mais, c'est pas le plus efficace.
Monsieur, papiers s'il vous plait.
POLICE
Euroté

Le brigadier qui avait appelé l'équipage avait lui-même reçu un appel du commandant responsable des unités de voie publique, lui-même informé par ses supérieurs, et ainsi de suite. La demande vient de la préfecture.
Papiers, s'il vous plait !
30
RAPPEL
Monsieur, vos papiers, c'est pour un contrôle.
POLICE
Faut choper de l'étranger en situation irrégulière. Pour les statistiques.
Ce soir-là, Richard embarque un jeune d'une trentaine d'années. Papiers d'identité algériens et visa espagnol, expirés.
J'ai des enfants ici.
Les avocats m'avaient dit que c'était bon…
50 % de ceux qui partent de Calais ou Dunkerque vers l'Angleterre entrent en France par la frontière belge.
Nous allons demander aux policiers de renforcer les contrôles.
le ministre

Quelques mois plus tard.
Quand on parle des contrôles au faciès, les gens se demandent tout de suite si on est racistes...
À raison ?
Je pense surtout que personne ne s'interroge sur ce qu'on nous demande.
Par exemple, il y a un môme qui m'accuse de harcèlement. Viens on va le voir justement.
POLICE
Un adolescent l'a nommément désigné à une magistrate de Lille.
POLICE
Chaque jour, dit l'adolescent, le policier lui demande sa carte d'identité alors qu'il vient jouer au foot avec des amis.
Adam ? Viens par là.
Il est où, ton ballon ?
POLICE
J'ai pas de ballon.
Ah non, je vois ça. Alors, qu'est-ce que t'as raconté à la magistrate ?
J'espère que t'as pas oublié de lui dire que tu fais le chouf sur le point de deal ?
POLICE
POLICE

* Via l'article 78-2 du Code de procédure pénale, le procureur de la République autorise les policiers à contrôler l'identité de toutes les personnes présentes dans une zone et à des heures données.

LES CANARDS

8 h 30. Quartier ultrasécurisé, dans une commune au sud de Roubaix.
POLICE
POLICE
On est chez qui ?
Une grande famille du Nord.
POLICE
Qu'est-ce qu'on fait là ?
Des Roms se sont installés dans le champ, là-bas.
POLICE
Et les vols de canards ont commencé.
En même temps, c'est des gens qui n'ont rien.
LICE
C'est pour se nourrir.
Le vol peut-il être légitime ?

Je dirais oui, parfois.
J'me rappelle de cette femme arrêtée par un vigile...
LICE
Promo
truc!
C'était au moment de Noël.
POLICE
SÉCU
Elle avait volé des cadeaux pour ses enfants...
Mais votre rôle, c'est de protéger les riches contre des Roms qui volent des canards ?
Pffff
C'est con de dire ça.
POLICE

Salut !
On file. Un appel 17 !
LICE
Quelques semaines plus tard,
un conflit de voisinage. Quartier du Pile.
Qu'est-ce qui se passe ?
Une histoire de musique trop forte, et un coup de couteau.
POLICE
Tiens, un Sharan ! C'est surement des Roms.
C'est quoi un Sharan ?
Une marque de monospace, les Roms les adorent d'occasion, parce que c'est spacieux.
PO
BA-1709-BA
T'es sûr ?
Sûr. Tu restes là.
DRiiiiii
POLICE

Quelques minutes plus tard.
Je ne m'étais pas trompé. C'était des Roms qui squattaient la maison.
Ils écoutaient de la musique un peu fort. Ça a énervé les voisins.
POLICE
POL
Et le monsieur assis derrière a pensé que le fait de payer un loyer lui donne le droit de faire le con avec un couteau.
ICE
Alors ? Tu penses toujours qu'on est là pour emmerder les gens du voyage ?
POLICE

Juste après.
Elle a l'air de vous passionner cette histoire de canards...
Quand même, je trouve que ça raconte quelque chose.
menu
Quoi ?
Je sais pas... L'absurdité de certaines missions...
C'est absurde de protéger la propriété privée ?
Non... Mais concrètement, à quoi sert la police ? À gérer les marginaux ?
À faire en sorte que ça ne déborde pas trop.
Je trouve qu'on parle assez peu du sens de votre action, seulement de son efficacité...
C'est injuste en effet.

La recherche d'efficacité peut conduire le policier à se dire : « Pourquoi est-ce qu'on s'embête avec le droit ? On sait très bien qui sont ces gens, il suffirait de les arrêter… » C'est toujours là que ça dérape.
BFMTV
Une femme de 35 ans accuse un fonctionnaire de police affecté au commissariat de Roubaix de viol.
BFMTV
MACHA BLOQUE DEPRESIVO
BFMTV
MACHA BLOQUE DEPRESIVO

Des policiers qui déconnent, c'est pas tous les jours, mais c'est régulier.
Qu'est-ce que ça vous fait ?
À chaque fois tout le monde se dit qu'on va en prendre plein la gueule.
Quelques jours plus tôt...
Tu te rends compte ? Le collègue accusé de viol, il drague des plaignantes...
On sait ce qui s'est passé ?
C'est un syndicaliste, il était de passage aux plaintes et a échangé son contact avec une femme et il l'a revue chez elle.
POLICE
Qu'est-ce qui s'est passé chez elle ?
On sait pas... Mais c'est terrible. Plein de femmes victimes de violence n'ont déjà pas confiance. Après ça, tu crois qu'elles vont venir nous voir ?
POLICE
La policière m'a dit que ce genre de collègue, il faut les dégager.
BFMTV
Il faudrait...

Ça me fait penser à une autre histoire. La semaine dernière, j'étais avec les Stups…
Ils venaient de finir d'interroger un indic qui a commencé à leur poser des questions sur des ripoux…
Je crains le pire.
L'indic voulait savoir s'ils connaissaient les policiers qui avaient volé de la drogue, dans les scellés.
Ah oui, sale histoire. Ça a commencé il y a un an. Nous avons été alertés de la dérive d'un officier de police judiciaire, chef du quart.
De quoi on l'accusait ?
D'avoir volé de la drogue pour une soirée.

* Procès-verbal

On essaye de faire le ménage...
Tu connais Francis ?
Oui, je l'ai un jour vu balancer un jeune dans une voiture comme un sac à patates...
Lui, on va le muter. Il est efficace, mais c'est un nid à emmerdes...
Il nous ramène de plus en plus d'outrages et de rébellions.
Les policiers qui interpellent souvent pour outrages et rébellions ont mauvaise réputation au commissariat. On les soupçonne de chercher à camoufler des violences...
BFMTV
... de se fabriquer des excuses.

À Roubaix, des affaires de coups remontent régulièrement jusqu'au parquet de Lille.
DRING DRING
Souvent, c'est un policier du quart de Roubaix qui nous parle des violences de ses collègues.
Ça arrive qu'il nous dise : écoutez, j'ai lu le PV et ça ne colle pas... le mec ne ressemble plus à rien, il a la tête comme une Cocotte-minute. Mieux vaut pas le placer en garde à vue...
... Son avocat va vite parler de violences policières.
En 2018, seuls 35 agents ont été punis pour usage disproportionné de la force.
Le problème, c'est que certains manquements n'existent que si l'infraction pénale est caractérisée.
Pourquoi ?

C'est difficile de justifier des rétrogradations, exclusions ou révocations si le parquet n'engage pas de poursuites.
Et les enquêtes sont difficiles, c'est ça ?
Oui, d'ailleurs parfois, les magistrats nous appellent et nous disent : « Bon, je ne poursuis pas pour cette fois, mais mettez un coup d'arrêt. »
LE DIRECT: FA
BFMTV
Pour condamner quelqu'un, il faut apporter la preuve de sa culpabilité, ce qui est parfois difficile. Cela explique que des auteurs présumés de violences ne sont pas condamnés, qu'ils soient ou non policiers. En France, la majorité des affaires pénales se solde par un « classement 21 » : « infraction insuffisamment caractérisée ».
CODE PENAL
2019
SANS SUITE

63, RUE DE MOUVAUX

Ce jour de septembre, le chef de la BAC m'avait invité à l'accompagner, dans le quartier de la Petite Italie, pour une « CAO* ».
PROMO
TOTAL
*« Cellule d'arbitrage opérationnelle ».
L'idée : arriver en nombre sur le point de deal, en coupant toutes les sirènes au dernier moment.
VJ 2011 LY
On va pas réussir à les surprendre…
POLICE

Y a les keufs, ils sont en mode descente !
SINK
DROPTWO
STOP2
GO ! GO ! GO !

C'est quoi ?
Des jus d'orange. Ils cachent souvent la drogue là-dedans.
Tu vois ? Un peu d'herbe. Mais c'est une découverte sèche.
C'est-à-dire ?
C'est-à-dire que juridiquement c'est de la merde. Tu vois le type là-bas ?
La drogue, c'est à lui. Mais on ne pourra jamais le prouver.
C'est un coup pour rien ?
C'est ça !
Alors pourquoi vous fouillez ?
Bof, c'est une voiture ventouse. Ça coute rien de regarder.

Le véhicule est utilisé par les dealers pour s'abriter de la pluie et du froid.
Il reste toujours stationné là, comme un bateau en cale sèche, comme une ventouse.
Quand il sera passé de l'état de taudis à celui d'épave...
POLI
... la mairie le fera enlever.
C'est quoi cet argent ?
Je vends des voitures.
Et les dealers en trouveront un autre...
OK, OK.
Voilà vos papiers.
C'est sans fin, en fait ?
Oui, on vient pour rassurer les riverains. Montrer qu'on est là.
Mais ça sert à rien.

Un peu plus loin.
Tiens, viens voir cette baraque...
menu
Coke 40 G
Héro 10
SHiT 10 50
LB 179 VH
JB 822 YB
C'est des prix ?
Oui, le prix des produits. Tiens ? L'héro est toujours à 10 euros. Et en bas, là, c'est nos plaques
Quelles plaques ?
Celles de nos voitures banalisées.
Les dealers ont délogé les locataires et c'est devenu un squat.
Ah ouais...
Allez, y a plus rien à voir ici...
Ce que je comprends pas, c'est pourquoi on vous fait faire de la figuration à la place de surveillances, de mises sur écoutes...
Ça rassure les gens, les bleus dans la rue...
POLICE

La balade urbaine continue.
Là, c'est une maison de retraite désaffectée.
Les appartements ont commencé à être squattés.
Les bailleurs ont fait murer l'entrée.
Ça a fait fuir les dealers ?
Non, ils faisaient vendre des gamins de 13 ans. Les acheteurs passaient l'argent sous les parpaings. Les bonbonnes d'héroïne et de cocaïne suivaient le chemin inverse.
Et comment ils entraient ?
L'accès se faisait par les étages, à l'arrière. Les jeunes escaladaient et se postaient derrière la porte condamnée.
Comment le trafic s'est arrêté ?
Ça a été des mois de surveillance, des centaines de contrôles...
Et le point de deal de l'ancienne maison de retraite a été démantelé.
Avant de se réinstaller tout près, au 63.

J'ai suivi toute l'année le travail des policiers pour démanteler le nouveau point de deal du 63 rue de Mouvaux.

Janvier

Les gens de l'immeuble appellent souvent la police. À certaines heures, disent-ils, les dealers ferment la porte l'entrée.

Février

Les policiers repèrent Bryan, le dealer. C'est lui qui rassemble les clients, et appelle son collègue dans les étages, qui a le produit.

Mars

À nouveau Bryan, maintenant visé par une enquête préliminaire.

Avril

Je fais la rencontre de Françoise, et de son association Les Petits Débrouillards*.

Mai

Dans les étages, je fais la rencontre de Maurice, 80 ans que le bailleur cherche à reloger, mais qui refuse de partir.

Juin

Au 5e, l'entrée condamnée d'un appartement a été forcée par un tatoueur clandestin.

* Un mouvement d'éducation populaire pour permettre l'accès aux connaissances scientifiques.

Juillet

Après son interpellation, le tatoueur est revenu au 63 menacer la personne qui s'occupe des soins de Maurice, le vieux qui refuse de partir.

Août

Les ascenseurs viennent d'être désossés. Les escaliers, tagués, sont jonchés d'urine et d'excréments.

Septembre

Je croise un homme qui ressemble à Raspoutine, la barbe un peu plus courte.

Octobre

Après avoir acheté de l'héroïne, Raspoutine monte toujours dans les étages...

Novembre

Il consomme sur place, et puis il s'endort. Un jour, j'ai cru qu'il était mort.

Décembre

À force d'être alertée, la procureure de Lille a décidé d'agir.

Vous m'en faites votre priorité.
Installation de caméras.
PV systématiques pour « occupation illégale » et « entrave » dans le hall.
Contrôle de tous les gamins sur les lieux grâce au « 78-2 » entre 11 h 30 et midi.
Grosse opération chaque semaine…

À un moment, on interpellait une personne tous les deux jours dans le quartier. Les dealers ont déserté le hall du 63.
Le parquet s'est aussi intéressé aux boucheries des alentours de l'immeuble.
Pourquoi ? Elles servaient à blanchir de l'argent ?
Oui, le tribunal administratif de Lille a recensé 30 boucheries à Roubaix pour lesquelles on n'a aucune traçabilité…
Pas top pour l'hygiène…
Entre autres. On a retrouvé des poubelles dans un frigo… Mais personne ne sait où est abattue la viande…
On ne sait pas non plus qui sont les propriétaires, ni d'où viennent les fonds…
Et vous allez en faire une priorité ?
Non, on n'a pas les effectifs…
Dans un commissariat, la question qu'on se pose toujours, c'est : « Où est-ce qu'on s'arrête ? qu'est-ce qu'on a la capacité de traiter ? »

À la fin de cette année à Roubaix, l'image qui me vient à l'esprit quand je pense au commissariat est celle d'une grosse enclume.
Quelque chose de lourd et d'inamovible, dont le fonctionnement n'est ni troublé par les demandes politiques, ni par les critiques.
Je trouve cette inertie à la fois rassurante, à la fois inquiétante.

Ce qui va me manquer le plus en quittant Roubaix, ce ne sont pas les courses-poursuites, les pétages de portes…
C'est mon poste d'observation du réel.
Symphonie cancérale
GOODBYE CEAUSESCU
DOSSIER 17.09.19
Aout 2022
L'accès aux geôles, aux gamins, aux fous, aux nourrices, aux toxicomanes, aux morts…
À ces policiers dont le rôle n'est, quoi qu'ils en pensent, ni de faire baisser la délinquance, ni de réparer la société.
C'est du moins ce que j'ai observé.
PO
NATI

C'est aussi Roubaix qui va me manquer. L'Epeule et son marché. Le parc Barbieux. Les « Trois-Ponts » et son inquiétante tour D...
Ça reste l'un des plus grands voyages de ma vie, à 1 heure et demie de train de Paris.
C'est là que j'ai compris. À quel avilissement peut conduire la pauvreté. Combien la solitude tue, par suicide. À quel point le trafic de drogue se nourrit de l'échec scolaire.
Face à ces problématiques, les réponses ne peuvent pas être que policières. Elles doivent d'abord venir de l'école, de l'aide sociale à l'enfance, de l'hôpital, de la mairie, du département...
Et tout cela doit être coordonné par des hommes et femmes politiques de bonne qualité.
LA VOIX DU NORD
POLICE

Tous les noms des policiers comme des interpellés et placés en garde à vue ont été modifiés. Certains visages aussi, bien sûr. Pour faciliter la fluidité de l'histoire, les gradés du commissariat de Roubaix, commissaires et officiers, sont devenus un seul et même personnage: le chef. Toutes les situations ont été observées en reportage, entre 2020 et 2021. Les données ont été mises à jour en septembre 2024.

AVEC LE RECUL...

Samuel est l'un de ces policiers dont on ne raconte jamais le métier. Dans les polars ou les séries télé, les tâches auxquelles ce spécialiste de la paperasse consacre ses journées sont présentées sous la forme d'ellipses, pour accélérer l'action. Ce soir de janvier 2021, à Roubaix (Nord), c'est pourtant cet officier de police judiciaire (OPJ) qui traverse la ville à toute vitesse, le gyrophare allumé. «Mais avance! Il est déjà 20 h 38, purée.» Un peu plus tôt dans la soirée, le chef d'une brigade anticriminalité (BAC) l'a appelé. Son équipage a surpris trois hommes qui se partageaient une importante quantité de drogue à un carrefour, dans un quartier huppé. Les deux premiers ont été interpellés. Le troisième est activement recherché. À proximité, les agents ont aussi repéré un appartement de plain-pied à la porte-fenêtre ouverte, d'où se dégage «une forte odeur de beuh».

Spécialiste du «petit judiciaire», Samuel ne se rend que très ponctuellement sur le terrain, ce qui lui convient très bien. À la différence des services spécialisés (brigade des stups, mineurs, atteintes aux personnes, financière, mandats, etc.), il est rare que cet homme, au crâne rasé et aux deux bracelets brésiliens au poignet, consacre plus de quelques heures à un dossier. Au commissariat central de Roubaix, Samuel est le chef du groupe d'appui judiciaire (GAJ), aussi appelé «le quart».

«Une perquisition doit commencer entre 6 heures et 21 heures, ni avant ni après»

Dans un commissariat, le quart est un peu l'équivalent des urgences à l'hôpital. C'est par ce bureau que passent toutes les personnes interpellées par les unités de voie publique (police secours, brigades anticriminalité, etc.), avant d'être placées en garde à vue. Les policiers de ce service réalisent aussi les premiers actes d'enquête et se déplacent en cas de découverte de cadavre, ou pour effectuer les perquisitions. «Cas général, une perquisition doit commencer entre 6 heures et 21 heures, ni avant ni après», explique Samuel, qui accélère dans les rues de Roubaix. «Là, si on arrive en retard, l'enquête prend neuf heures dans la vue.» 20 h 50. La voiture du chef du quart se gare près de la Mégane noire des suspects, faussement immatriculée. Samuel sort, accompagné du principal accusé, une figure du grand banditisme local déjà sous bracelet électronique. La perquisition de l'appartement 107 peut commencer.

«Dites bien aux collègues de la BAC que j'ai créé un numéro de proc' [un numéro de procédure à inscrire sur chaque procès-verbal du dossier].» De retour au commissariat, une heure plus tard, Samuel s'affaire derrière son grand bureau récupéré dans un vide-grenier. «Bon, j'ai sorti la machine à café. Tu veux partir sur quoi, transport?», lui demande un collègue. «Oui, transport, trafic. Regarde sur le Natinf.» Le Natinf («nat», pour nature, et «inf», pour infraction) recense les différentes infractions pénales et leur associe un numéro spécifique. En l'occurrence: code 7990 D10, pour transport non autorisé de stupéfiant. Samuel recherche dans le Code pénal les articles afférant. Son doigt s'arrête sur le 222-37. Il décroche son téléphone et appelle la permanence du parquet. C'est la deuxième fois de la soirée qu'il résume l'affaire à un magistrat.

22 h 30. Pendant qu'un collègue de Samuel dénombre les balles de 9 millimètres retrouvées lors de la perquisition (trente-huit, dont une de 7,65 millimètres), ce dernier entreprend de peser sur une balance trop petite les différents pains de résine de cannabis retrouvés empaquetés dans le coffre de la Mégane. «26 et quelques kilos. Une belle valise marocaine», dit Samuel. «T'en penses quoi? Les balles, on les garde [dans la procédure] ou on fait une incidente?», demande son collègue. «On les garde. Allez, je commence à acter [rédiger les actes d'enquête]», tranche le chef de quart. Pendant les heures qui suivent, Samuel répond aux questions des agents: que faire de la voiture, comment rédiger son procès-verbal (PV)... Il réveille le principal accusé, pour évaluer en sa présence (c'est une obligation légale) la valeur de l'argent liquide retrouvé dans son appartement. 113 billets de 50 €, 96 billets de 20 €... Compter les 14 705 euros en petites coupures lui prendra quarante minutes.

Il est 5 heures du matin. Samuel a presque terminé. L'homme corrige les coquilles d'un seizième et dernier acte d'enquête, tamponne les dernières photos des billets imprimées sur des feuilles A4 et surligne en jaune les passages des procès-verbaux qu'il lui reste à reporter sur les feuilles orange des scellés. «C'est comme quand tu construis ta maison: le gros œuvre, ça va ; la galère, ce sont les finitions», s'amuse le chef de quart, en tentant de gommer la grande trace de chaussure laissée sur un PV par un agent peu soigneux. «Je ne serais pas contre une simplification de la procédure mais, en attendant, je sais que les collègues de la PJ [la police judiciaire] reprennent derrière. Je veux que ce soit impeccable. L'homme en cellule là, j'ai vu le nom de son avocat. La moindre erreur, et il est dehors.»

«Une heure de terrain, c'est sept heures de paperasse.» Au début du premier quinquennat d'Emmanuel Macron, cette statistique était fréquemment reprise dans les communications du ministère de l'Intérieur et de différents syndicats de police. Un article de CheckNews, le service de vérification d'information de *Libération*, a ensuite montré que ce ratio provenait des résultats d'un QCM envoyé en 2017 par le ministère aux 250 000 policiers et gendarmes (70 000 réponses avaient été récoltées). Du déclaratif donc. Immédiatement, l'estimation a été jugée non scientifique et a cessé d'être diffusée. Dommage, car si ces chiffres exagèrent les heures effectives passées par les policiers à «bécaner» (sept heures, c'est le temps passé par Samuel pour traiter une affaire exceptionnelle), ce ratio demeure néanmoins une estimation intéressante du ras-le-bol des fonctionnaires face aux tâches de bureau qu'ils jugent subalternes au travail de terrain. C'est précisément ce jugement qui devrait nous interroger. Le plus important n'est en effet pas de savoir si les policiers passent quatre, cinq, six ou sept heures à «bécaner» pour une heure de patrouille ou d'intervention (encore une fois, cela dépend des dossiers). Non, l'essentiel est de comprendre le sens – ou le non-sens – de ces tâches fastidieuses désignées sous le terme fourre-tout de «paperasse». Qui les demande aux agents? Et pourquoi?
Ces questions sont d'autant plus importantes que la demande de «réduire la paperasse» n'est plus seulement une revendication policière. Elle est devenue

l'esprit même de la loi du 24 janvier 2023 d'orientation et de programmation du ministère de l'Intérieur (LOPMI), dont le premier objectif est de «doubler la présence des forces de l'ordre sur le terrain d'ici 2030, via notamment la suppression de missions périphériques (comme le transfert de détenus) ou la simplification des procédures».

Je me souviens très bien du jour où j'ai appris, à Roubaix, que l'administration pénitentiaire n'assurait pas, faute de personnel formé et armé, les transferts de détenus à l'hôpital. Lorsqu'une personne incarcérée doit se rendre à un rendez-vous chez l'ophtalmologiste ou l'oncologue, c'est un équipage de police qui est mobilisé. Ce jour-là, j'ai compris l'engorgement sans précédent que risquait de créer un doublement des effectifs de terrain d'ici 2030. Davantage de «bleu dans la rue» comme le prévoit la loi LOPMI, c'est plus de procédures pour des officiers de police judiciaire déjà en sous-nombre (la police nationale compte seulement 17 000 OPJ sur un effectif de 150 000 personnes). C'est davantage de gardés à vue dans des geôles déjà pleines. C'est davantage de dossiers à traiter pour des magistrats débordés. C'est aussi davantage de détenus dans des prisons surpeuplées et, au bout du compte, davantage de transferts entre l'hôpital et la maison d'arrêt à assurer. Conscients de cette réalité, les parlementaires ont souhaité épargner cette «tâche indue» aux policiers. C'est une bonne chose, si tant est que le personnel de l'administration pénitentiaire qui assurera la relève soit correctement formé et armé (de nombreuses tentatives d'évasion ont lieu lors des transferts à l'hôpital). Concernant plus spécifiquement la paperasse, plusieurs mesures ont été intégrées à la LOPMI pour tenter d'absorber l'inflation des procédures qui découlera mécaniquement de l'augmentation du travail policier sur le terrain. La plus importante: tous les futurs gardiens de la paix seront formés à l'école pour devenir officiers de police judiciaire. Cela sera-t-il suffisant? Difficile de le prédire, mais cette formation juridique initiale pourrait constituer une réponse incidente à l'absence de culture pénale qui handicape aujourd'hui de nombreux policiers de voie publique. Ce problème, majeur, affecte directement la qualité des procédures, rendant certaines interventions contre-productives sur le plan judiciaire et problématiques pour le respect de l'État de droit.

«C'est davantage de gardés à vue dans des geôles déjà pleine»

La scène se passe dans une rue coquette de Roubaix (Nord), à la sociologie difficile à déterminer. Ici, en effet, certaines maisons bourgeoises en briques rouges ont été divisées en quatre, parfois six appartements, loués à des familles modestes. Ces dernières sont voisines des CSP+ qui occupent des maisons entières, comme cette quadragénaire au peignoir bleu ciel qui vient d'ouvrir sa porte d'entrée à un équipage de police secours. Au milieu du salon décoré dans des tons pastel, le brigadier aux cheveux blancs et à l'uniforme bleu marine écoute la plaignante décrire ce qui vient de lui être volé dans la nuit: un vélo de type B-Twin rouge, «plutôt bordeaux», une bouteille de whisky et un paquet de biscuits apéritifs de la marque Michel et Augustin. Le policier referme son carnet et s'approche de la porte-fenêtre qui donne sur un étroit jardin. «Elle a été forcée.» Depuis la terrasse, l'homme observe la pelouse et repère des traces de pas dans l'herbe humide. «Regardez!» Le fin limier poursuit la trace entre les ballons et autres jouets d'enfants égarés, jusqu'à un muret surmonté d'une clôture. «Elle a été abaissée. Ils sont sans doute passés par là.» De l'autre côté, le jardin est jonché de gravats et de couches usagées. De retour dans la rue, le brigadier veut sonner chez les voisins, mais son collègue, de quinze ans son cadet, tente de l'en dissuader. Lui préfèrerait appeler le quart, «comme ça, c'est carré niveau procédure». «Le quart? Mais tu ne les connais pas. Ils ne se déplaceront jamais pour un vélo, tranche le brigadier. Dès qu'ils peuvent éviter de lever leurs fesses du bureau... Non, je préfère sonner, poser quelques questions, comme ça, c'est fait.»

«Ils ne se déplaceront jamais pour un vélo»

L'immeuble face auquel se trouve le brigadier a été divisé en quatre appartements. Un voisin du premier étage ouvre aux agents, qui contournent l'escalier du hall d'entrée à la recherche d'un appartement au rez-de-jardin. «C'est sans doute là», repère le vieux policier, qui frappe. Pas de réponse. «Allez, on s'en va», propose son collègue, inquiet. Mais le brigadier actionne la poignée. Il a repéré un peu de jeu entre la gâche et le loquet. Coup d'épaule. La porte s'ouvre sur un couloir encombré. Aucun occupant, mais sur une table jonchée de cendriers pleins, le policier aperçoit une bouteille de Jack Daniel et un paquet de biscuits apéritif vides. «Des Michel et Augustin!», s'enthousiasme-t-il. Le vélo est retrouvé dans l'une des chambres.

Sans vraiment s'en rendre compte, le vieux policier vient de réaliser une perquisition hors de tout cadre légal. «Dans le jargon, on appelle ça une perquisition mexicaine», expliquera plus tard un policier du quart de Roubaix. «Difficile de dire combien on en a, mais si on leur a donné un nom, c'est bien que ça existe.» Le Code de procédure pénale, qui encadre l'action des policiers, autorise dans certains cas les fonctionnaires à violer le droit à la propriété. Mais l'emploi de la force pour entrer dans un logement doit impérativement se dérouler sous le contrôle d'un officier de police judiciaire ou d'un juge. En l'absence de l'occupant, la perquisition n'est possible que dans le cadre du flagrant délit et en présence de deux témoins majeurs non policiers (ils peuvent être des voisins ou des passants, théoriquement obligés d'accepter sous peine d'une amende de 150 euros). Voilà à peu près ce que l'OPJ du service de quart explique au brigadier qui l'appelle pour raconter, avec fierté, comment il a résolu le vol du vélo. «Comment ça le lien avec l'appartement du voisin n'est pas caractérisé?», s'emporte le vieux policier au téléphone. «Mais je vous dis qu'on a retrouvé le vélo et les biscuits Michel et Augustin. Quoi? [L'OPJ objecte que rien ne prouve que les biscuits retrouvés sont bien ceux qui ont été volés, arguant que le voisin aurait très bien pu les acheter dans n'importe quel magasin.] Mais vous rigolez? C'est une marque de luxe. Vous verriez le taudis ici... Le gars, c'est pas du tout son genre de chips.» Après avoir raccroché, le brigadier dépité se tourne vers son jeune collègue: «C'est quand même hallucinant, on retrouve le vélo et on se fait engueuler. Tu vois ce que je te disais? Le quart ne veut jamais se déplacer.»

Cette histoire permet de mesurer le hiatus qui existe souvent au sein du commissariat entre deux logiques. Celle des enquêteurs: la procédure sera-t-elle recevable devant un magistrat? Résistera-t-elle à la recherche de vices de forme d'un avocat? Et celle des unités de voie publique: quelle est la manière la plus

efficace de retrouver le vélo de la quadragénaire? Comme les policiers de terrain sont chargés de faire respecter la loi, on s'imagine souvent qu'ils la connaissent sur le bout des doigts, ce qui est loin d'être le cas. En réalité, cela fait plus de vingt ans que le vieux brigadier de Roubaix n'a reçu aucune formation juridique. À sa décharge, la procédure pénale s'est considérablement complexifiée au fil des années, devenant une «discipline d'experts, de techniciens, réservée à une petite communauté de professionnels, dont le nombre diminue à chaque nouvelle réforme ». Mais cette analyse, toujours invoquée pour expliquer le désamour pour les carrières judiciaires au sein de la police, est devenue une manière de rejeter la faute sur les magistrats: «Le problème, dans notre institution, n'est pas la police judiciaire ou la sécurité publique», affirmait en mars 2023, sur le plateau de CNews, Matthieu Valet, porte-parole du Syndicat indépendant des commissaires de police, interrogé sur la réforme de la police judiciaire. «Le problème, c'est la complexité de la procédure pénale, c'est la non-réponse pénale sur les voyous multirécidivistes, c'est le manque de place de prison, c'est le manque de courage envers ceux qui posent problème...» L'analyse reprise ici par Matthieu Valet occulte le fait que les policiers sont parfois directement responsables de «la non-réponse pénale», quand les PV sont mal rédigés, que les infractions pénales sont insuffisamment caractérisées, quand la procédure a été bâclée, qu'il a fallu trop «bricoler» pour la rattraper...
Le quart de Roubaix finira par rappeler le vieux brigadier concernant le vol du vélo, lui demandant de remettre les objets trouvés dans l'appartement du voisin. La camionnette blanche de la police technique et scientifique (PTS) sera envoyée pour les constatations (prises d'empreintes et d'ADN) sur la porte-fenêtre forcée de la plaignante. Sur les conseils de l'OPJ, le début du procès-verbal rédigé par le brigadier sera un peu modifié pour faire apparaître un lien entre l'affaire et l'appartement du voisin: «[Lors du vol] la plaignante indique avoir vu une personne pouvant ressembler à son voisin domicilié au X rue XX, avec lequel une altercation avait eu lieu le XX/XX/2020, à la suite de nuisances sonores.» L'OPJ finira par se déplacer à l'adresse indiquée, où une perquisition dans les formes sera réalisée en présence de deux témoins. Le vélo bordeaux sera rendu à sa propriétaire.

J'ai plusieurs fois vu ce genre de «bricolages» de procès-verbaux. Un jour, un policier d'une brigade anticriminalité a, par exemple, commencé son PV par les éléments suivants: «Constatons qu'un individu de type nord-africain habillé d'un pull à capuche vert remonte la rue XX en regardant par la vitre des véhicules garés. Craignant un vol à la roulotte, nous contrôlons son identité et découvrons, lors de la fouille, cinq bonbonnes d'héroïne.» Le fonctionnaire m'expliquera qu'une source résidant dans le voisinage lui avait téléphoné, le renseignant sur la présence d'un nouveau vendeur sur un point de deal. Son équipage s'était déplacé sur les lieux, avait retrouvé l'homme et l'avait interpellé. Ce dernier ne regardait pas spécialement à l'intérieur des véhicules garés. «J'ai écrit ça pour que l'infraction soit caractérisée et protéger la source, explique le policier. Parce que, quand on met les noms dans les PV, les avocats des accusés peuvent y avoir accès. Après certains sont victimes de représailles et plus personne ne nous parle.» En théorie, l'informateur d'un policier doit être identifié auprès de sa hiérarchie et inscrit au Bureau central des sources, qui dépend de la Direction centrale de la police judiciaire. Concernant l'infraction de l'homme à la capuche, le parquet décidera d'un «classement 21» (code pour «infraction insuffisamment caractérisée»), considérant que le fait de regarder à travers les vitres de voiture ne caractérise pas suffisamment l'intention de voler. En l'absence de constatations d'une transaction, seule la détention de stupéfiant sera retenue contre l'homme, vite relâché.

Souvent, le «bricolage» de PV est employé pour faire coïncider les faits avec des dispositions légales, parfois fantasmées. Critiquer l'absence de culture pénale de certains policiers, ce n'est pas leur reprocher de ne pas connaître le Code sur le bout des doigts. S'ils ont une question, ils peuvent très bien la poser à un OPJ, qui peut lui-même interroger le parquet. Non, critiquer l'absence de culture pénale, c'est souligner que certains fonctionnaires ont cessé de s'interroger: quel est le meilleur angle juridique pour aborder mon affaire? Ai-je une raison valable de contrôler une identité? Dois-je absolument continuer cette course-poursuite jusqu'au bout si j'ai relevé la plaque d'immatriculation? Y a-t-il ne serait-ce qu'une chance que l'infraction soit caractérisée? Ces questions devraient aider les agents à discerner. Se les poser ne rend pas nécessairement le travail policier plus compliqué. Je me souviens qu'en 2021 la Škoda noire d'une BAC de Roubaix était régulièrement la cible de jets d'œufs, lancés depuis la fenêtre d'un garage suspecté d'activités illicites liées au trafic de drogue. Chaque fois, les policiers sortaient de l'habitacle, et s'arrêtaient devant le garage fermé. «Hors cadre d'une perquisition, on n'a pas le droit d'entrer», affirmait le chef de bord. «Non, ce n'est pas une habitation et il y a agression», corrigera un gradé.

Si le «bricolage» de PV procède souvent d'un manque de culture pénale, il peut être aussi utilisé pour dissimuler des violences et témoigne plus largement d'un rapport équivoque à la loi. En 2019, un fonctionnaire du Sud-Ouest avait, par exemple, écrit sur le PV d'une interpellation à laquelle j'avais assisté, que «cinq individus présentant une attitude hostile» s'approchaient de lui. C'était un mensonge. «Un petit mensonge nécessaire», relativisait le policier, de ceux que l'on écrit pour «se bricoler un cadre légal lorsque, eh bien... lorsque ça rentre pas». Une sorte de chausse-pied, donc. Ce matin-là, en effet, personne ne s'était approché du fonctionnaire. Pas un seul individu présentant une attitude hostile à la ronde. Un jeune d'une quinzaine d'années courait simplement comme un dératé le long d'un trottoir bordé d'arbres. Les policiers n'avaient simplement pas réussi à l'attraper (ils avaient un très sérieux motif pour le faire). «Écoute, je vais pas mentir. Le type était à 70 mètres, quelque chose comme ça. Alors même si je l'avais touché... Une balle en caoutchouc, dans le dos et à cette distance, ça ne l'aurait pas arrêté.» Alors, pourquoi lui avoir tiré dessus au LBD (lanceur de balles de défense), cette arme noire à gros calibre devenue l'un des symboles des violences policières? «Eh bien... Pour lui en mettre une. Qu'il ait bien à l'esprit que l'autorité, c'est nous. Dans les quartiers, tu sais, c'est un rapport dominant-dominé. Une cité calme, dans laquelle une voiture de police peut entrer sans incident, c'est des années de travail. Je ne devrais pas te dire ça, mais parfois, on doit dépasser la ligne.» En théorie, un tir de LBD doit «dis-

«Je ne devrais pas te dire ça, mais parfois, on doit dépasser la ligne»

suader ou neutraliser une personne violente ou dangereuse» (instruction du 2 septembre 2014 du ministère de l'Intérieur). En pratique, l'arme introduite en 1995 par le directeur général de la police Claude Guéant – avant d'être généralisée quatorze ans plus tard à toutes les unités «intervenant dans les quartiers difficiles» par son successeur Frédéric Péchenard – est parfois employée pour «se faire respecter» («Rien que la sortir, parfois ça suffit», expliquait le policier), et ce malgré les risques que l'on connaît.

«Parfois, on doit dépasser la ligne.» Un fonctionnaire d'une brigade anticriminalité de l'ouest de la France a un jour pris le temps de m'expliquer cette croyance assez courante, selon laquelle le droit ne permet pas au policier de bien faire son métier: «À l'école de police, on nous disait: la loi, c'est une ligne. Il ne faut pas trop la dépasser. Un peu, sinon vous n'allez jamais rien ramener comme affaires. Mais attention, si vous la dépassez trop, vous allez finir par vous griller. C'est arrivé à des collègues. Aujourd'hui on leur amène des oranges en prison.» Ce policier, qui travaillait en civil, portait souvent une veste de type bombers noire (conçue à l'origine pour les aviateurs de l'US Air Force). Sur une poche intérieure, il avait cousu un écusson avec la tête de mort caractéristique de The Punisher («Le punisseur»), ce policier de bande dessinée américaine lancé dans une vendetta impitoyable pour venger le meurtre de sa famille. Dans l'adaptation cinématographique sortie en 2004, le justicier légitime ainsi son action, avant de se lancer à l'assaut d'une mafia réputée juridiquement intouchable: «Dans certains cas extrêmes, la loi est insuffisante. Pour dénoncer cette insuffisance, il faut agir en marge de la loi pour appliquer une justice naturelle. Ce n'est pas une vengeance [...], c'est une punition.»

«Toute l'histoire de la police moderne est construite autour de cette tension entre le judiciaire et l'ordre public»

La notion de justice naturelle fait ici référence à l'idée que la loi serait un artifice, un imbroglio de normes illisibles à la finalité obscure, essentiellement employées par les délinquants pour se soustraire aux condamnations. Cette vision pose la question plus globale du sens de l'action policière. Comme le souligne Nicolas Le Merrer, enseignant en philosophie du droit à l'université de Bretagne-Occidentale: «Nous sommes toujours renvoyés [en ce qui concerne l'action de la police] de manière presque nostalgique à cette question de l'efficacité.» Depuis la naissance de la police moderne au xviiie siècle, on demande essentiellement aux agents de «policer» la rue, de gérer les marginaux, de faire en sorte que ceux-ci ne débordent pas trop. «Certains se demandent: "Pourquoi est-ce qu'on s'embête avec le droit? On sait très bien qui sont ces gens, il suffirait de les arrêter."» Toute l'histoire de la police moderne est construite autour de cette tension entre le judiciaire et l'ordre public ; entre la défense des libertés et la demande de sécurité. Et cela s'accompagne toujours d'un mythe: l'idée que la police serait là pour faire baisser la délinquance. Qu'elle pourrait, par sa seule action «sur le terrain», participer à faire advenir une société sans infractions, sans crimes... Véhiculer cette idée, c'est prendre le risque de noyer de travail toute la chaîne police, justice et administration pénitentiaire, tout en participant à la diffusion d'un rapport équivoque des policiers à la loi. C'est ne protéger personne, en affaiblissant l'État de droit.

Mikael Corre